yukismart.com/b/6e8ea6

body

kropp

head

huvud

face

ansikte

grow up

växa upp

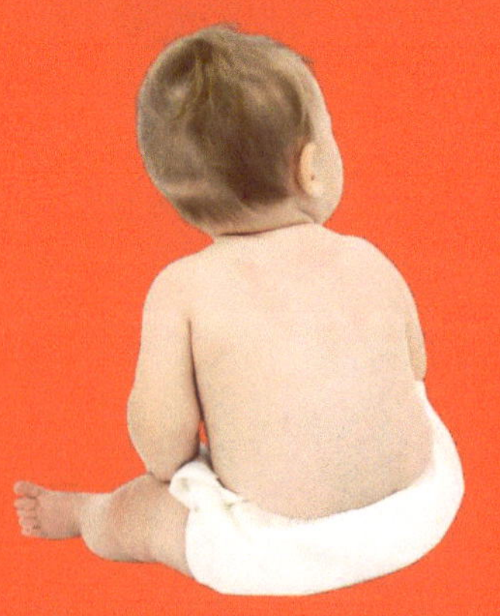

back

rygg

chest

bröst

bottom

rumpa

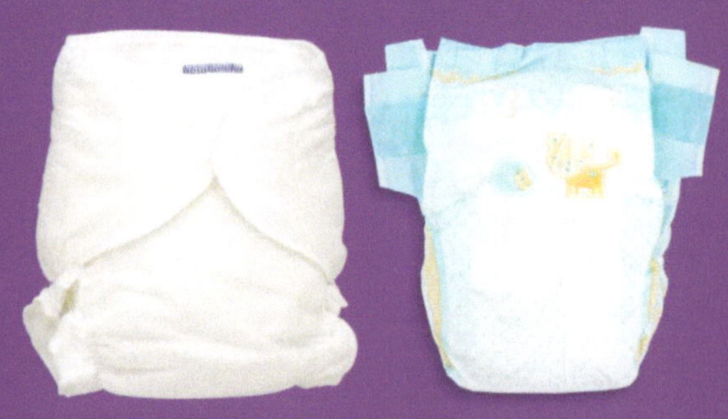

diaper

blöja

eye

öga

glasses

glasögon

forehead
panna
chin
haka

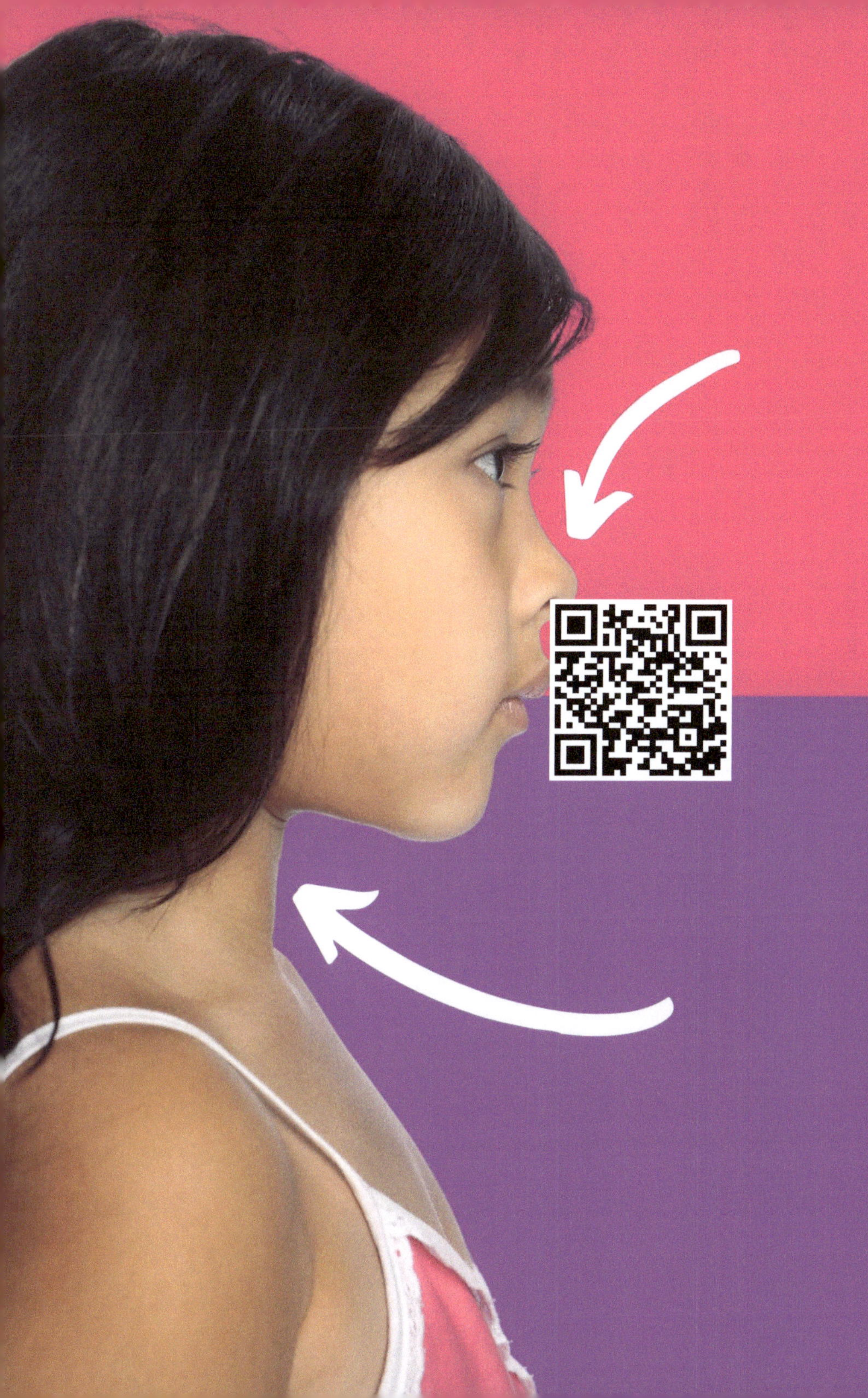

nose
näsa
neck
hals

ear

öra

cheeks

kinder

kiss

kyss

mouth

mun

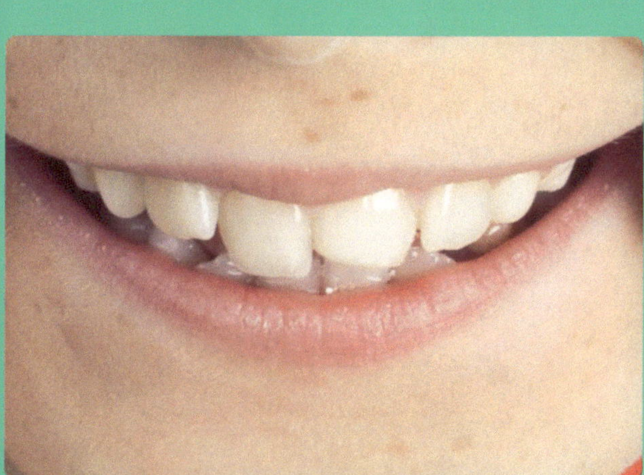

teeth

tänder

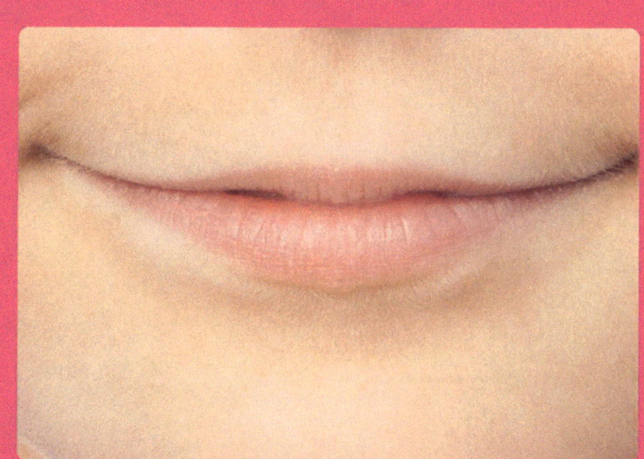

lips

läppar

tongue

tunga

hair

hår

straight hair

rakt hår

curly hair

lockigt hår

black hair

svart hår

brown hair

brunt hår

ginger hair

rött hår

blond hair

blont hår

gray hair
grått hår
bald head
flintskalle

beard

skägg

moustache

mustasch

arm
arm

elbow
armbåge

hand

hand

fingers

fingrar

thumb

tumme

belly

mage

navel

navel

foot

fot

leg

ben

heel

häl

thigh
lår
ankle
vrist

calf

vad

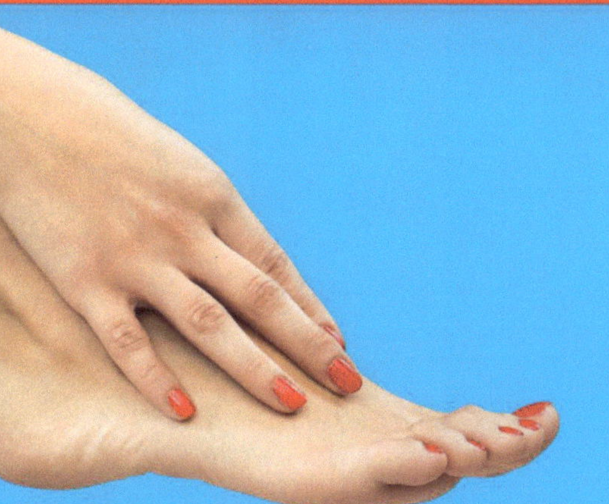

nails

naglar

knee

knä

necklace

halsband

bracelet

armband

hat

hatt

scarf

halsduk

coat

jacka

pullover

tröja

pants

byxor

dress

klänning

rain boots

gummistövlar

socks

strumpor

shoes

skor

mittens

vantar

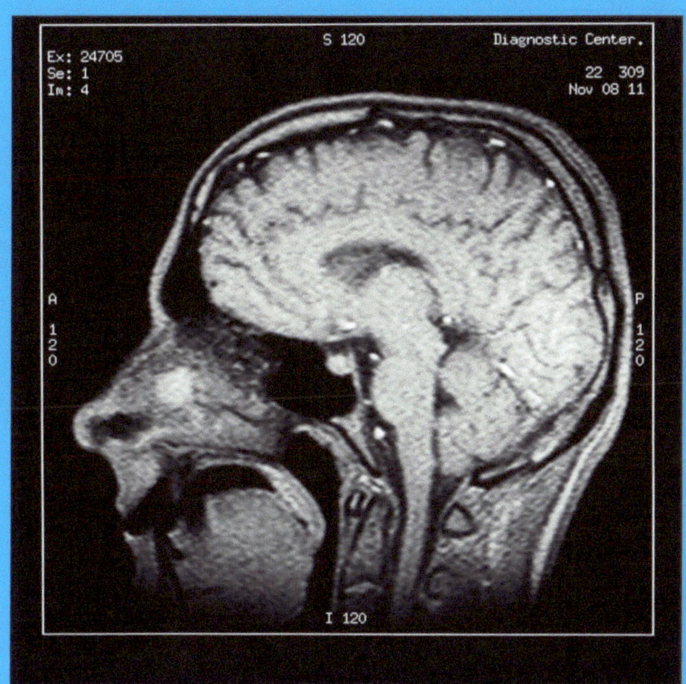 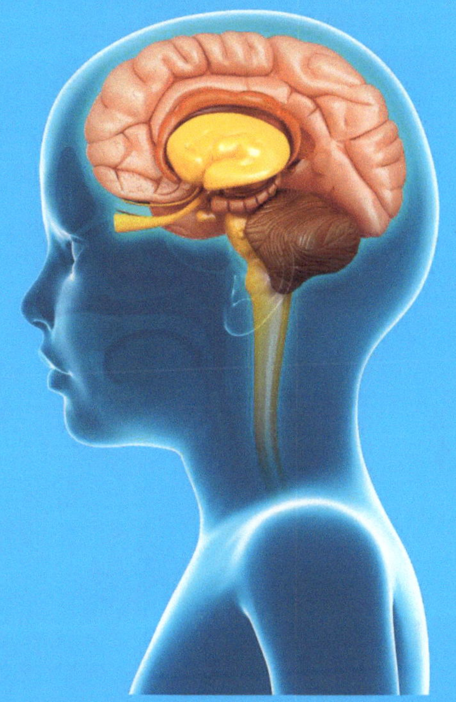

brain

hjärna

heart

hjärta

lungs

lungor

skin

hud

sunscreen

solskydd

sun glasses

solglasögon

soap

tvål

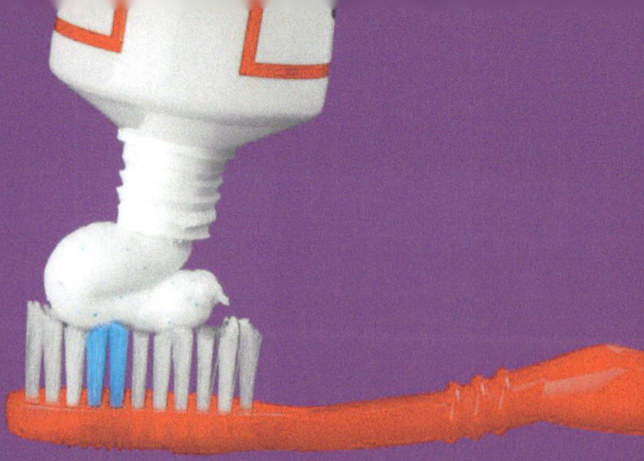

toothpaste

tandkräm

toothbrush

tandborste

pain

smärta

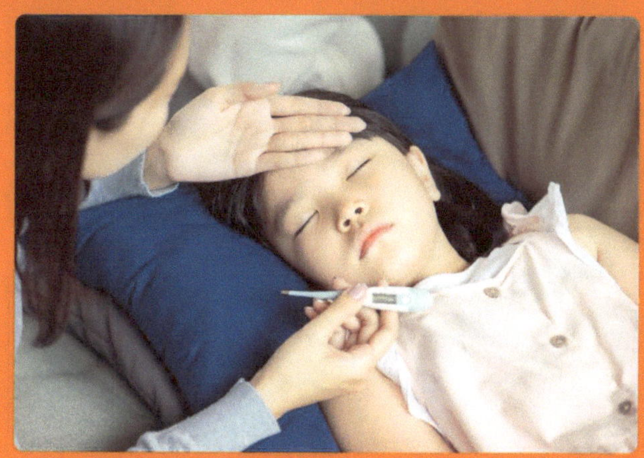

fever

feber

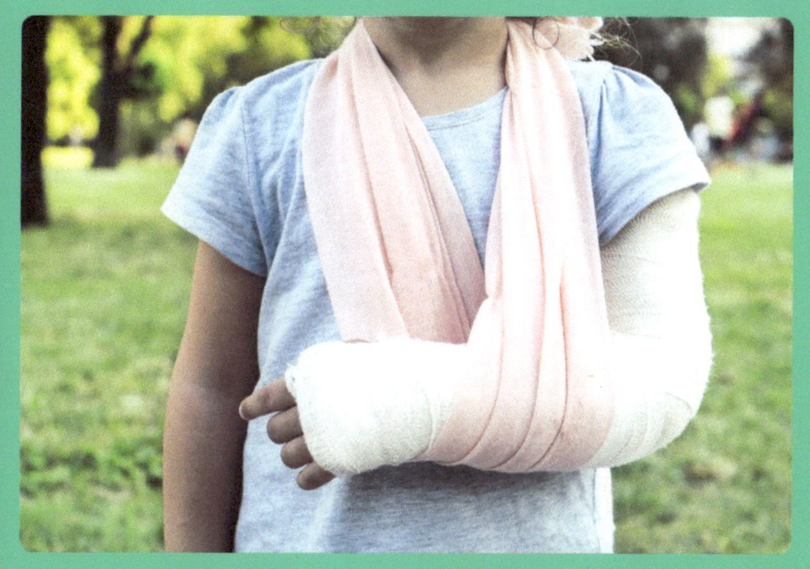

broken arm

bruten arm

sneeze

nysning

cough

hosta

dental cavity

tandhål

pharmacist

apotekare

medicine

medicin

hospital

sjukhus

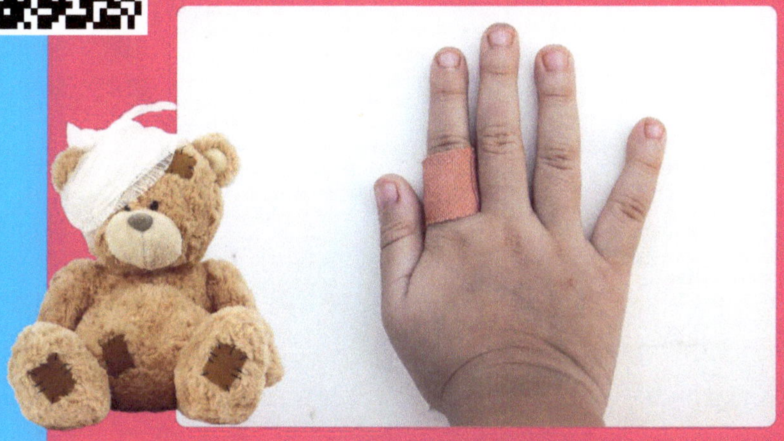

bandage

bandage

paramedic

sjukvårdare

firefighter

brandman

firetruck

brandbil

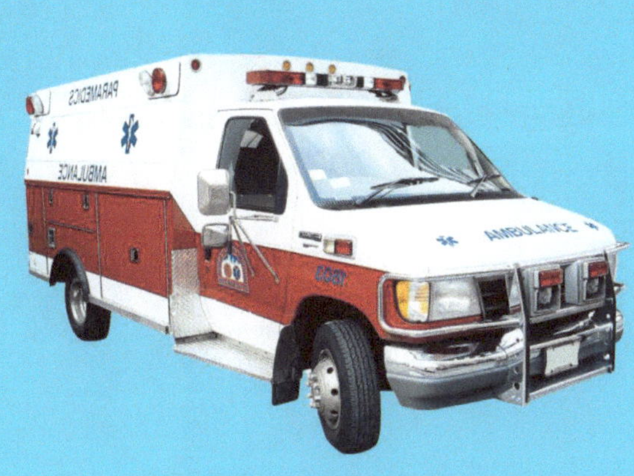

ambulance

ambulans

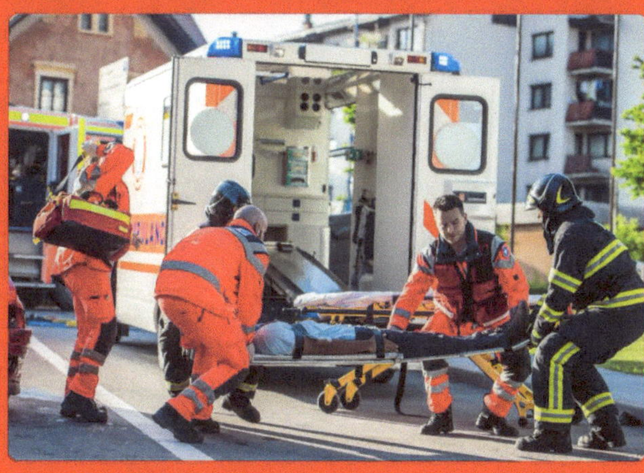

rescue team

räddningsstyrka

helicopter

helikopter

boat

båt

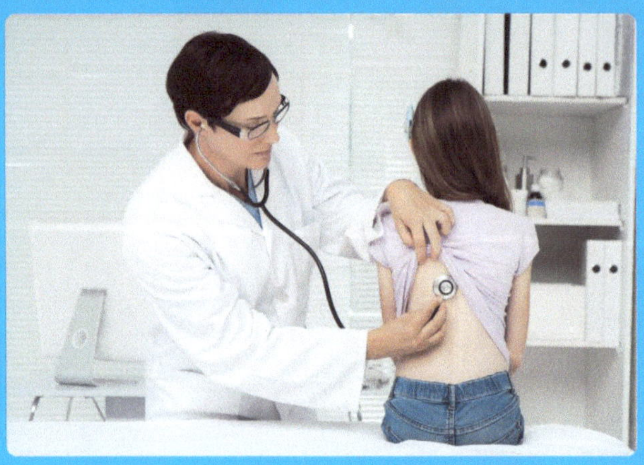

doctor

läkare

nurse

sjuksköterska

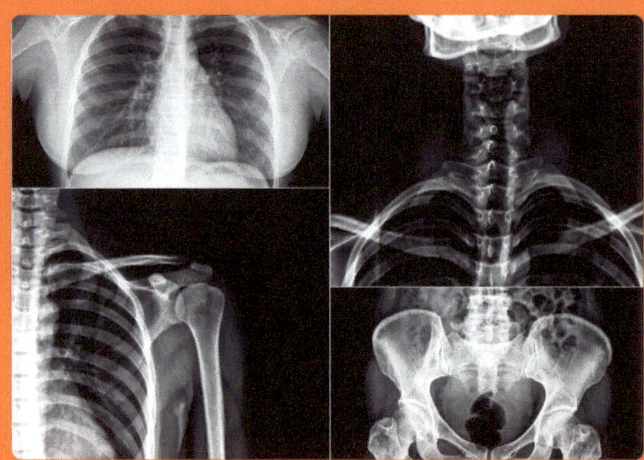

x-ray

röntgen

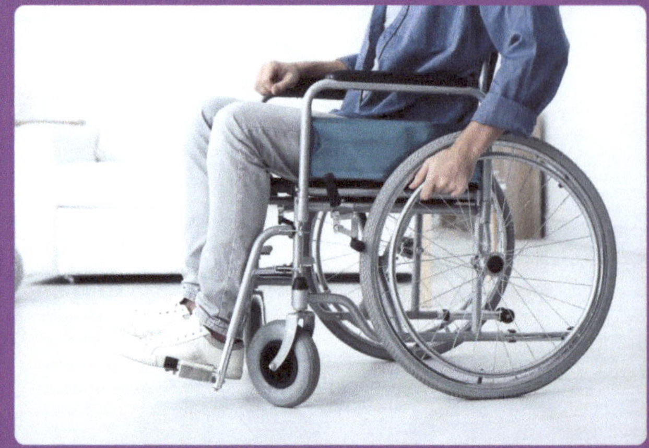

wheelchair

rullstol

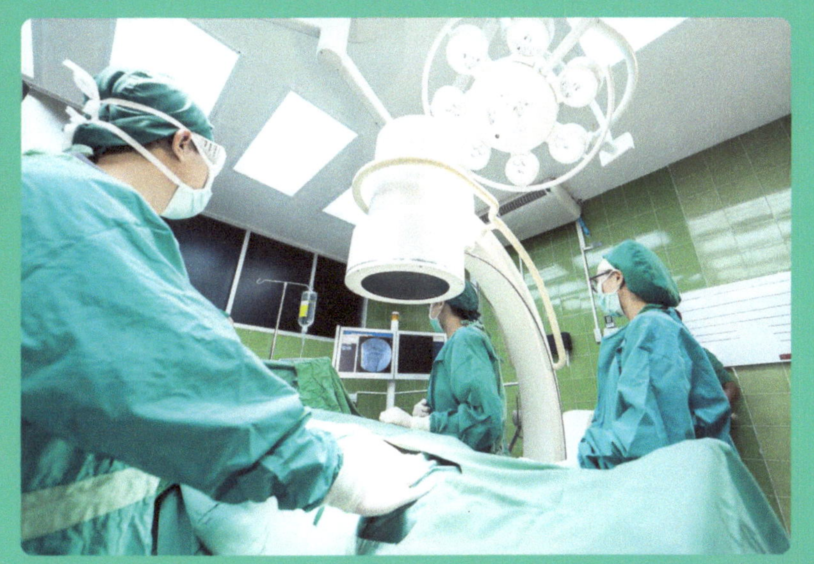

surgeon

kirurg

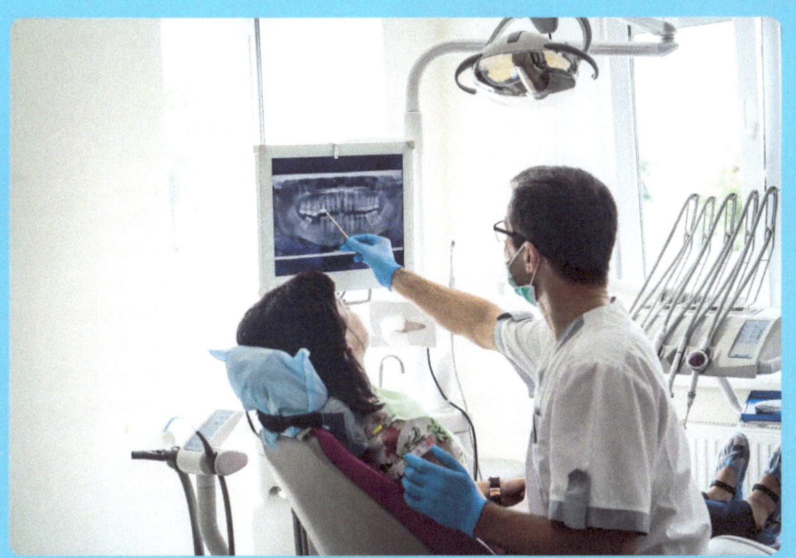

dentist

tandläkare

thermometer

termometer

scale

våg

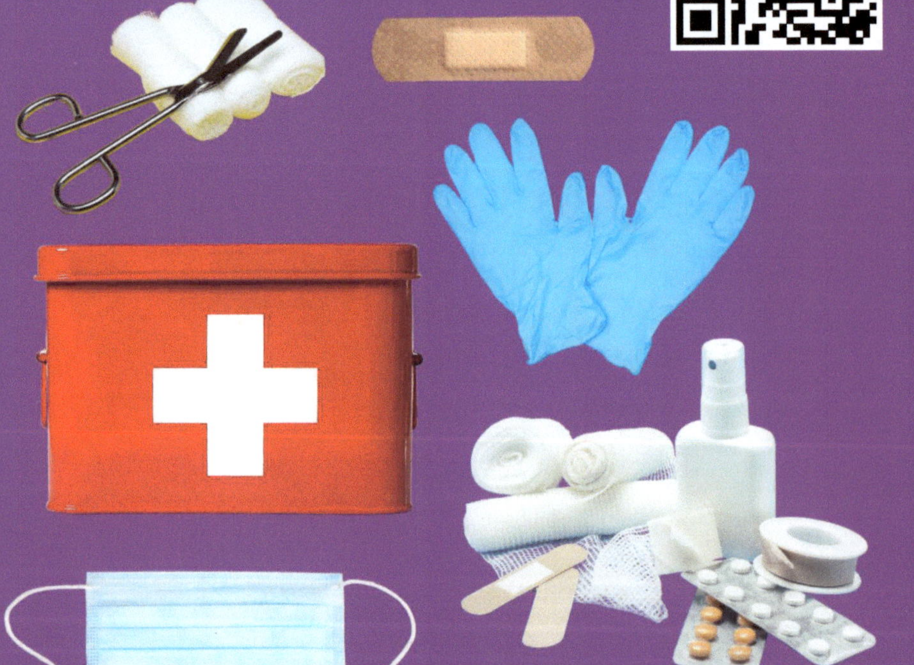

first aid kit

första hjälpen-kit

vet

veterinär

stethoscope

stetoskop

dancing

dans

basketball

basketboll

soccer

fotboll

swimming

simning

skiing

skidåkning

judo

judo

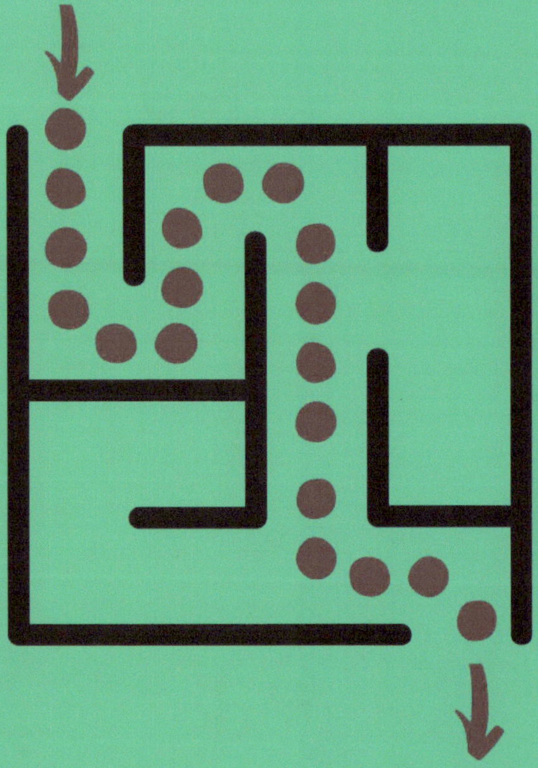

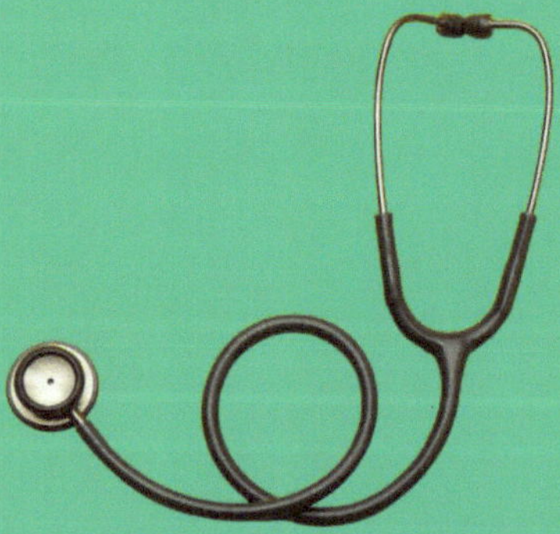

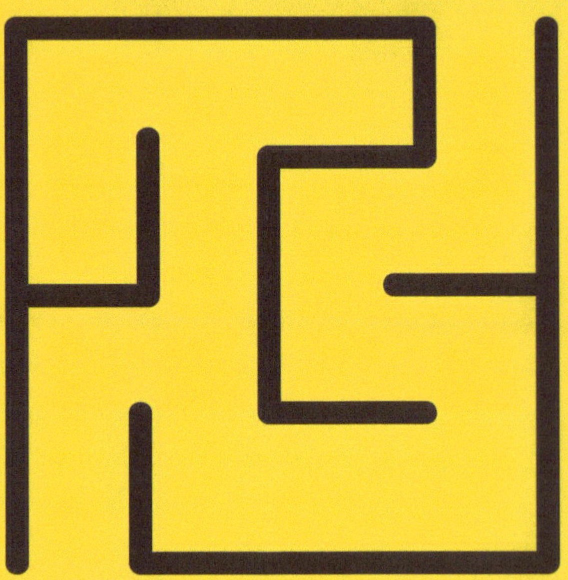